Moments dans le temps – Souvenirs de Vancouver-Est

Egalement écrit par Sandip Sodhi :
Ms. Chievus in the Classroom
Talk to Me, What Do You See? Beauty and Joy From A - Z

Droits d'auteur 2023 par Sandip Sodhi
Tous les droits sont réservés.
Aucune partie de ce livre ne peut être reproduite ou transmise sous quelque forme ou par quelque moyen que ce soit sans l'autorisation écrite expresse de l'auteur, sauf dans le cas de brèves citations incorporées dans des articles critiques et des critiques.

Surrey, BC Canada

ISBN pour mon nouveau livre - Moments in Time - Memories of East Vancouver
(éditions anglaises)
978-1-7770218-4-9 (Relié)
978-1-7770218-5-6 (Électronique)
978-1-7770218-6-3 Broché)

(Éditions bilingues - punjabi et anglais)
978-1-7770218-9-4 (relié)
978-1-7770218-7-0 (broché)

(Édition français)
978-1-7770218-8-7 (relié)

Moments dans le temps – Souvenirs de Vancouver-Est

Écrit par Sandip Sodhi
Illustré par Waheeda Tejani-Byron

Dédicace de Sandip :

Pour toujours à ma mère et à mon père pour avoir été de solides modèles de ce que signifie être aimant, courageux, résilient, altruiste et travailleur et pour nous avoir donné des opportunités et des expériences qu'ils n'ont jamais eues. Toujours à mon mari et à ma fille pour leur encouragement et leur amour sans fin. À toute ma famille, parents, amis, voisins et enseignants qui ont contribué à créer des souvenirs éternels. À Maxence et Kindra pour la relecture de l'édition française de ce livre.

Dédicace de Waheeda :

A mon mari John pour ses encouragements quotidiens. À toute ma famille et mes amis qui ont regardé chaque illustration d'innombrables fois, offrant des critiques constructives et beaucoup d'encouragements également. Merci!

L'Avant

Tant de pensées remplissent mon esprit de souvenirs de mon enfance. Vivre à Vancouver-Est était joyeux et coloré. Les sites et les odeurs des quartiers ont laissé des impressions durables dans mon esprit. J'ai tellement d'histoires et de pensées que j'ai décidé de condenser pour ce livre.

Je me souviens de ces histoires parce que j'étais conscient… sans savoir que j'étais conscient. J'étais attentif parce ce que la vie était plus simple et que le rythme de vie était plus lent. Nous avions moins d'articles, mais plus d'expériences. La pleine conscience nous permet de créer de fabuleux souvenirs. Mon espoir est que nous apprenions tous à ralentir et à apprécier ce que nous avons dans nos vies.

J'ai adoré être un enfant des années 1970 et 80. Je me souviens que je me suis précipité à la maison après l'école pour être accueilli par la chaleur aromatique de la cardamome et du chai aux clous de girofle mijotant sur le poêle.

Qu'est-ce qu'un souvenir après l'école pour vous?

J'ai adoré être un enfant des années 1970 et 80. Je me souviens avoir joué à "Cherry" dans la ruelle avec une balle de tennis et une batte avec mes frères et sœurs et des amis du quartier.

À quel jeu aimez-vous jouer avec vos amis ou votre famille?

J'ai adoré être un enfant des années 1970 et 80. Je me souviens avoir vu les vêtements **salvar kameez** de ma mère et les **dastars** de mon père flotter dans le vent sur la corde à linge.

Quels souvenirs gardez-vous des journées venteuses?

J'ai adoré être un enfant des années 1970 et 80. Je me souviens des moments où les voisins partageaient les légumes et les fruits de leurs jardins.

Que partagez-vous avec vos voisins?

J'adorais être un enfant des années 1970 et 80. Je me souviens des jours d'automne où nous ratissions les feuilles et sautions dedans, puis nous nous prélassions avec un chai chaud devant la cheminée à bois.

Quel est votre souvenir d'automne préféré?

J'ai adoré être un enfant des années 1970 et 80. Je me souviens des hivers où nous marchions, courions et nous traînions à l'école sur les trottoirs glacés.

Quels souvenirs as-tu des journées d'hiver à l'école?

J'ai adoré être un enfant des années 1970 et 80. Je me souviens quand toute la famille s'asseyait à la table de la cuisine et dînait – parfois du **daal** et du **roti** et d'autres fois des hot-dogs et des frites.

Quels repas vous et votre famille savourez-vous ensemble?

J'ai adoré être un enfant des années 1970 et 80. Je me souviens quand nous, en famille, faisions du jogging autour de la piste à l'école de Killarney.

Quelle est une activité de plein air que vous et votre famille aimez faire?

J'ai adoré être un enfant des années 1970 et 80. Je me souviens quand nous devions tous participer et faire des corvées dans la maison… épousseter, balayer, passer l'aspirateur, cuisiner, laver et sécher la vaisselle.

Comment aidez-vous à la maison?

J'ai adoré être un enfant des années 1970 et 80. Je me souviens avoir partagé des chambres avec nos frères et sœurs… racontant parfois des histoires, riant parfois et pleurant parfois.

Quels souvenirs avez-vous de partager une chambre?

J'ai adoré être un enfant des années 1970 et 80. Je me souviens quand nous avons descendu la colline vers le parc sur notre seul et unique vélo banane violet et or.

Quelles histoires de vélo as-tu?

J'ai adoré être un enfant des années 1970 et 80. Je me souviens quand les proches venaient chez moi, à l'improviste le week-end.

Quels souvenirs gardez-vous d'avoir rendu visite à des proches?

J'ai adoré être un enfant des années 1970 et 80. Je me souviens de l'âge disco quand nous écoutions et dansions ABBA et buvions du thé à la menthe chez notre voisin.

Quel genre de musique écoutez-vous à la maison?

J'ai adoré être un enfant des années 1970 et 80. Je me souviens d'avoir entendu des histoires sur les différents pays d'où venaient nos voisins.

Quelles nouvelles cultures avez-vous apprises?

J'ai adoré être un enfant des années 1970 et 80. Je me souviens quand nous avons congelé des cristaux de Jus Tang pour faire des sucettes glacées pour les journées chaudes et ensoleillées.

Quelles friandises froides aimez-vous faire?

J'ai adoré être un enfant des années 1970 et 80. Je me souviens de l'époque où nous ramassions des bouteilles de boissons gazeuses dans le quartier, pour les encaisser à la confiserie contre des friandises.

Comment gagnez-vous de l'argent de poche?

J'adorais être enfant dans les années 1970 et 80. Je me souviens de ces années où nous plantions des fleurs pour embellir nos jardins.

Qu'est-ce qui rend votre quartier beau?

J'ai adoré être un enfant des années 1970 et 80. Je me souviens des années innocentes où nous cueillions des fleurs pour nos professeurs.

Qu'aimez-vous faire pour votre professeur?

J'ai adoré être un enfant des années 1970 et 80. Je me souviens quand nous avons couru vers les différents magasins du marché de Kingsway pour acheter du pain, des produits et des articles ménagers.

Dans quels commerces ou marchés de quartier allez-vous?

J'ai adoré être un enfant des années 1970 et 80. Je me souviens quand aucun magasin n'était ouvert le dimanche, et nous passions du temps à aller au **Gurdwara** puis à nous amuser avec la famille et les amis.

Comment aimez-vous passer votre temps libre à la maison avec votre famille?

J'ai adoré être un enfant des années 1970 et 80. Je me souviens quand nous regardions tous des émissions sur une seul télévision.

Comment aimez-vous regarder la télévision?

J'ai adoré être un enfant des années 1970 et 80. Je me souviens quand nous avons marché dans le **Nagar Kirtan** sur **Vaisakhi** sur Main Street et avons mangé toutes les friandises distribuées par les vendeurs dans la zone du marché.

A quelles fêtes culturelles participez-vous?

J'ai adoré être un enfant des années 1970 et 80. Je me souviens quand nous avons dû partager un téléphone qui était fixé à un mur de la cuisine.

De quels appareils ou technologies plus anciens vous souvenez-vous?

J'ai adoré être un enfant des années 1970 et 80. Je me souviens quand nous étions autorisés à marcher seuls jusqu'à la bibliothèque publique et à choisir des livres.

Quels types de livres aimez-vous choisir à la bibliothèque?

J'ai adoré être un enfant des années 1970 et 80. Je me souviens quand nous mangions des **pakoras** et jouions aux cartes en famille, les jours de pluie.

Quelles traditions avez-vous et votre famille pour les jours de pluie?

J'ai adoré être un enfant des années 1970 et 80. Je me souviens d'avoir le temps d'apprendre les choses importantes de la vie. Nous avons eu le temps de ralentir et de nous connecter avec les gens et la nature. Nous avons eu le temps de créer des souvenirs éternels.

C'était l'époque la plus simple et c'était super!

Quelles leçons de vie importantes avez-vous apprises dans votre jeunesse?

GLOSSAIRE

***Les mots ci-dessous ont des origines indiennes. Les produits alimentaires sont des aliments courants que l'on trouverait dans les maisons de personnes d'origine punjabi - indienne.

Chai - une boisson chaude au thé à base de thé, d'épices, de lait et de sucre (facultatif).

Daal / Dal – un plat à base de légumineuses/lentilles/légumineuses – comme une soupe.

Dastar - un turban ou un couvre-chef pour les hommes et les femmes sikhs.

Gurdwara - un lieu de la religion sikhe.

Nagar Kirtan - une procession où les gens chantent des chants dévotionnels - shabads en se promenant dans la ville. Nagar signifie ville et kirtan signifie chanter des chants dévotionnels.

Pakoras - une collation ou un apéritif pané et frit salé et épicé composé de légumes, de paneer (fromage) ou de viande / poisson.

Roti - pain plat à base de blé entier et d'eau et cuit sur une plaque chauffante.

Salwar Kameez - une tenue portée par les femmes (salwar - pantalon fluide - porté par les hommes et les femmes et kameez - longue tunique portée par les femmes).

Vaisakhi - pour les sikhs, c'est un festival qui célèbre la naissance de Khalsa. Pour d'autres d'origine indienne, il s'agit d'une fête des récoltes qui a lieu au printemps.

RECETTE DE CHAI

Ingrédients

* 1 ½ tasse d'eau
* ½ - 1 tasse de lait entier (ajuster à votre goût)
* 2 gousses de cardamome verte écrasées
* 2 clous de girofle écrasés
* Pincée de graines de fenouil (facultatif)
* Une pincée ou deux de gingembre râpé (facultatif)
* Bâton de cannelle de ¼ de pouce (facultatif)
* 2 sachets de thé noir (je préfère Tetley) ou l'équivalent en thé en vrac
* 1 – 2 cuillères à café de sucre (ou autre édulcorant) ajuster à votre goût (ou pas d'édulcorant)

Procédure

1. À l'aide d'une petite casserole, porter l'eau, le lait et les épices à ébullition sur la cuisinière
2. Baisser le feu et ajouter le thé - laisser infuser (ne pas le faire bouillir)
3. À l'aide d'une passoire, filtrez le chai dans deux tasses
4. Incorporer le sucre ou l'édulcorant, si vous le souhaitez

Photos des emplacements réels

John Norquay Elementary, mon école.

Succursale de la bibliothèque locale que nous avions l'habitude de visiter.

La maison de mon enfance à Vancouver-Est.

Norquay Park, où nous avons fait du vélo.

Ruelle où nous avons joué "Cherry".

À PROPOS DE L'AUTEUR

Sandip Sodhi est auteur de livres pour enfants et enseignant au primaire à Surrey, en Colombie-Britannique, au Canada. Elle enseigne aux enfants de 5 à 13 ans depuis plus de 25 ans. Actuellement, Sandip est enseignante-bibliothécaire et adore travailler avec tous les élèves de son école. Sandip a reçu deux prix pour ses livres - le prix Drishti pour l'innovation dans les arts (2021) et le prix Sikh Heritage Community Changemakers (2022).

Sandip aime et encourage le rire partout où elle va. Elle vit à Surrey, en Colombie-Britannique, avec son mari et sa fille, qui la font rire. Si elle n'écrit pas ou ne lit pas, Sandip adore faire des farces amusantes, se promener au bord de l'océan, voyager et se connecter avec sa famille et ses amis.

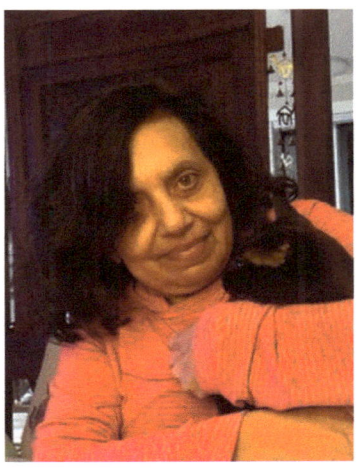

À PROPOS DE L'ILLUSTRATEUR

Waheeda Tejani-Byron est née à Kampala, en Ouganda, en 1961. Elle est arrivée au Canada en 1972 en tant que réfugiée. Ses parents sont tous deux nés en Inde. Waheeda est titulaire d'un baccalauréat en art secondaire de l'Université de la Colombie-Britannique et d'une maîtrise en beaux-arts de l'Université du Pays de Galles à Aberystwyth. Elle a travaillé à Lena Shaw Elementary où elle a rencontré Sandip Sodhi.

Waheeda est à la retraite et vit sur l'île de Gabriola avec son mari et ses deux chats Coco et Bean. Elle est encouragée et inspirée par le groupe d'art local, Palette People.

www.ingramcontent.com/pod-product-compliance
Lightning Source LLC
Chambersburg PA
CBHW041819080526

44587CB00004B/140